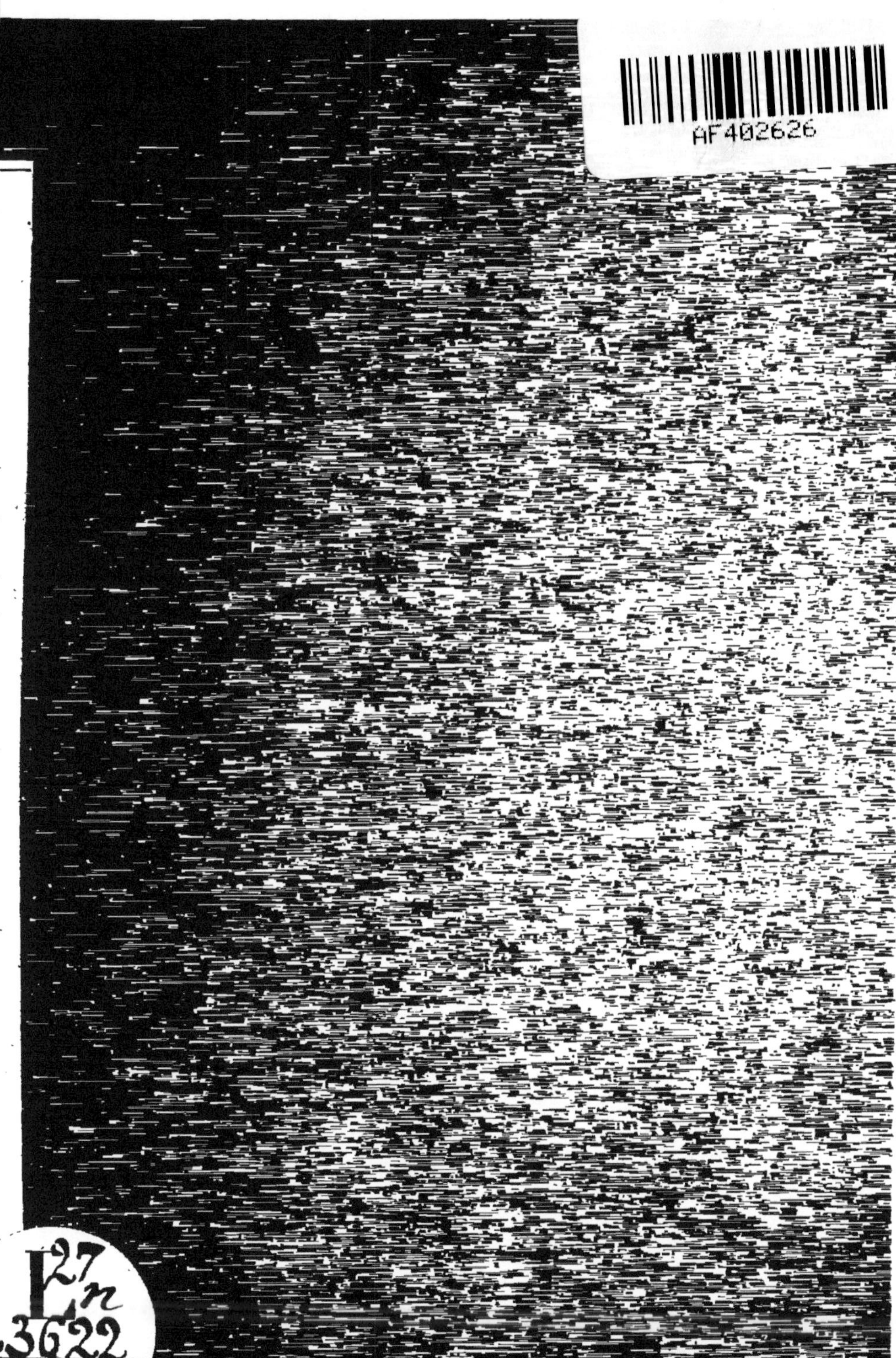

SENTENCE
DE MORT
CONFIRMEE PAR
ARREST

de la Cour de Parlement de Paris,

Contre Manuel Magnan compagnon cordonnier, executé, à mort,

Pour auoir pris & derobé le sainct Sacrement de l'Autel, en l'Eglise Commandataire de S. Iean de Lattran, le 14. Feburier, 1620.

Emsemble tout le contenu du Procés, Informations, & confessions, faicte par ledict Magnā, sur ledict larrecin & Sacrilege.

A PARIS,

Chez Isaac Mesnier, ruë S. Iacques au Chesne verd.

———————————

M. DC. XX.
Auec Permission.

3

SENTENCES
DE MORT

Confirmée, par Arreſt de la Cour de
Parlement de Paris, contre Manuel
Magnan Executé,

L E 14. Feburier mil ſix cens
vingt, ſur les dix heures du
matin, l'Egliſe commenda-
taire de ſainct Iehan de Latran de Paris, eſtant ouuerte quant à
la Nef, mais le cœur eſtant fermé, vn
ieune homme aagé de vingt trois ans
ou enuiron, nommé Manuel Magnã,
qui ſoubs l'ombre de deuotion, auoit
entré en icelle Egliſe, pour y faire ſes
deuotions (comme ſouuent le diable
dónne l'inuention de ſe couurir des
bonnes œuures) pour en commettre
d'exécrables, & mauuaiſe. Or eſtant
en la nef d'icelle Egliſe, & ſi voyant
ſeul, comme n'y ayant à toutes heures
du monde, n'eſtãt vne Egliſe frequen-
tée, eſtant ſequeſtrées & eſloignées

du chemin, & voyes ordinaire, n'ayant pour estenduë que le circuit de son Cloistre.

Ce voyant donc seul, commença ledict Maignan (selon la déposition par luy faicte) à la suscitation, & suggestion du diable, à monter par dessus la cloisson du cœur d'icelle Eglise, afin de voller les sainctes Reliques, & autres choses qu'il pouroit trouuer audict lieu, & aperçeuant de plain abord que sur le M. Hostel dudict cœur reposoit le sainct Ciboire, sans aucun respect, & poussé du malin esprit, qui le posse-doit, prent miserablement & abomina-blement, iceluy sainct Ciboire d'argét, dans lequel estoient enclose neuf sain-cte Hostie consacrée, le rõpit en deux pieces : & en meit le pied dans vne de ses pochettes, & la couppe dans l'au-tre pensant ainsi cacher son vol & , Sa-crilege & euader la punition de Dieu, & des hommes. Mais comme Dieu ne permet que telle chose si execrable se faces, & commettét impunément, au-roit permis que ledict larron & Sacrile-ge, se feroit saisy & chargé des nappes du M. Hostel dudict cœur , affin d'é-

ftre defcouuert en fon vol & facrilege
par icelle, ce qu'ayant enormement
faict & remonfte par deffus ladicte clo-
fture du cœur, & s'en allant lors que le
Clerc d'icelle Eglife retournât au cœur
pour voir fil auoit bien tout fermé, &
ferré, l'aduife qui fortoit d'icelle Eglife,
comme tout eftonné, & efpouuenté
du forfaict & facrilege par luy cõmis,
ce qui donna occafion, de le regarder, & voir fa contenance, quoy faifât
il aperceut que fes hault-de chaufes,
eftoient groffe oultre mefure, & que
d'icelle fortoit comme le bout d'vne
nappe, ce qu'aperceuant, & pouffé d'vn
inftinct, & faincte infpiration, luy vint
en l'efprit qu'il pouuoit auoir prins, &
defrobé, les nappes du cœur, ou de
quelque Chappelle, fe qui l'occafiõna
que luy, & vng des fergents de la Iufti-
ce d'icelle commanderie, le fuiuere,
& eftant proche de luy commencerêt
de luy demander s'il ne venoit pas de
l'Eglife de fainct Iehan de Latran, à laquelle demande, il demeura tout eftõ-
né, & confus en luy mefme, ce qui dõ-
na occafion au fufdct fergêt de le con-
ftituer prifõnier de par le Roy, & M^r le

A iiij

Grand Prieur de France, ce que voyāt
par luy, leur dict, qu'il leur prioit de
le vouloir laisser aller, qu'il auoit à la
verité prins & desrobé les nappes du
Maistre Hostel, & à l'instant les tirant
hors son hault-de-chausse il leur rend.
Ne se contantant pour cela lesdicts
Clercs & sergents, ayant opinion de
quelque plus grand forfaict, ne le vou-
lurent laisser aller, (veu que le seul lare-
sin estoit suffisant de le retenir affin d'e-
stre puny) ainsle constituerent prisonnier, & à ceste fin fut conduict aux prisons de Messieurs les Venerables Cha-
noynes, & chapitre sainct Benoist, cō-
me prison empruntée (ny ayant prison
à sainct Iehan deLatran estant la prison
de Monsieur le grād Prieur à l'hostel de
l'oursine ruë des Cordeliere faulxbourg
sainct Marcel.) comme estant la plus
proche ou c'est commis le forfaict.

Estant en icelle prison, comme cest
le soing & debuoir d'vn Gollier pour
s'acquiter desson debuoir, qu'a la re-
queste de quelque personnne que se
se soit, (pourueu que se soit sur la terre
dont il est Geollier douurir les prisons
& mettre prisonnier ou prisonniere

dontils font requis, & pour leur def-
charges lors que les prifonniers font
dans leurs prifons, les fouïller & voir
dans leurs habits, craignāt qu'ils n'ay-
ent fur eux quelque chofe dequoy il fe
peuuēt offēfer, & recognoiftre auffi fils
n'ont rien defrobé oultre-ce dont ils
font accufé, vifitant donc iceluy pri-
fonnier, trouua en fes poches la coeffe
de taffetas rouge, auec laquelle l'on à
de couftume en l'Eglife couurir le s.
ciboire, ce qu'ayant trouué tout émeu,
fe doubte tout auffitoft du facrilege, &
pour c'eft effect cōmence à faire chercher en tous les endroift d'icelle prifō
fi l'on ne trouueroit rien qu'il euft ietté, ou caché : faifant laquelle recher-
che luy, & aultre perfonnes qu'il auoit
faict entrer pour y chercher, fut trouué
le fainct ciboire qu'il auoit ietté def-
foubs de la paille, proche d'vne groffe
pierre eftant en icelle prifon, rompu en
deux pieces, ce qu'aperceuant ledict
Gollier, tout eftonné euft recours au
Sacriftain du cœur de l'Eglife dudict
lieu de fainct Benoift, pour s'enquerir
de luy la façon auec laquelle il failloit
procedder en tel faict: lequel Sacriftain

aduerty de ce, se transporte en la prison
reuestu de son surplie & camail, & luy
ayant esté monstré le lieu ou se miserable auoit ietté le Sainct Ciboire, commance a regarder s'il n'auoit point ouuert la couppe, & la boiste qui est d'ordinaire en icelle couppe n'auoit point esté polluë, comme aussi les Sainctes Hosties estant en icelle boiste, & s'estant enquis à l'instant dudit prisonnier s'il n'auoit point touché à icelles, & ayant esté faict responce par le prisonnier qu'il n'y auoit point touché, ledit Clerc seroit esté au chœur & Eglise dudit S. Benoist, apres auoir remercié la diuine Maiesté & faict ses prieres, auroit pris vne Estolle beniste, accompagné de deux torches ardentes, seroit reuenu à la prison, où il auroit à la presence du peuple releué icelle boiste & Hosties contenües en icelles, & auec grande reuerence & honneur, les auroit portees en l'Eglise, & sur le maistre Hostel du Chœur de Monsieur Sainct Benoist.

Ce qu'estãt faict, ledit Sacristin le refferaà Messieurs les Chanoines & Chappitre de ladicte Eglise S. Benoist, à ce qu'il leur pleust deliberer sur vn fait de
si grande

si grande importance, & aduiser ce
qu'il seroit beloin de faire.

Auquel aduertissement & denoncia-
tion, tous Messieurs du Chapitre s'af-
semblerent, & le fait ayant esté propo-
sé, & mis en deliberation, par le plus
ancien Chanoine dudit Chapitre, or-
donnerent que veu l'enormité du faict,
& offence ainsi faicte à l'encontre de la
diuine Maiesté que pour l'expiation de
ce, & afin d'appaiser l'ire de Dieu, prieres seroient faictes, & à ceste fin, que le
Clergé d'icelle Eglise de sainct Benoist
s'assembleroit à cinq heures de rele-
uee, pour aduertir lequel Clergé, l'on
sonneroit les cloches, à la maniere que
l'on a de coustume sonner au salut du
sainct Sacrement, & qu'à ceste heure seroit dit le salut du sainct Sacremēt, & a-
pres iceluy dit, cōduire & reporter lesdites sainctes Hosties, Sacremēt & coiphe,
iusques sur le maistre Hostel de l'Eglise
sainct Iean de Latran.

Qu'à ceste fin chacun des Ecclesia-
stiques assistant auroient vn cierge ar-
dant en la main, & que Messieurs de la
Commanderie sainct Iean de Latran
seroient aduertis de se trouuer à l'en-

trée de leur principale porte, auec encens & croix, reuestus de chappes, pour
rendre l'honneur, & la reuerence deuë
pour receuoir icelles sainctes Hosties, &
les accompagner iusques dedans le
chœur.

Ce qui fut fait en la forme qui ensuit,
le Salut fut sonné à l'heure de cinq heures, ou tous Messieurs les Chanoines,
Chappelains, Chantres, Clercs d'Eglise, Prestres habituez de la parroisse &
enfans de Chœur assisterent au nombre de trente, ayans tous vn cierge ar-
dent en leur main, reuestus de leurs habits, fut commencé l'Antienne, *O saly-
taris Hostia*, laquelle finie l'antien Chanoine d'icelle Eglise, reuestu de son
habit, Estolle & Chappe par dessus alla
querir lesdites Hosties à la Sacristie,
deux torches auec ensensemens allant
au deuant de luy, les apporta sur le maistre Hostel, dedans vn corporalier, fit
la benediction sur le peuple : icelle antienne finie, les Coristes commence-
rent le respond, *Homo quidem*, pour aller à la procession audict lieu de sainct
Iehan de Latran, en laquelle tous les
Chanoines, Chappellains, Chantres,

11

Prestres, & Enfans de chœur, marchoit deux à deux, auec chacun vng cierge en main (comme nous auons dict cy dessus) A l'entrée de la principale porte de sainct Iehan reuestus de chappes, & auec encens, estoient les Religieux de ladicte Eglise qui conduiret lesdicts Chanoines deS. Benoist iusques dedãs leur cœur, où estant les Hosties pozée sur le maistre Hostel, les choristes chãteret le verset & couplet, *Tantum ergo sacramẽtum* de l'hymne du sainct Sacremẽt lequel finit, l'ancien Chanoyne dudict sainct Benoist dit l oraison, *Deus qui nobis sub Sacramẽto mirabili*, & donna le Corporalier auquel estoient lesdictes Hosties au plus ainé Religieux de ladicte commanderie sainct Iehan de Latran, lequel Religieux fit la benedictiõ sur le peuple, & reserra iceluy corporalier dans la sacristie : & ainsi furent finis les prieres ordonnées par lesdicts Chanoines de sainct Benoist. ausquelle il y auoit infinie quantité de monde en prieres de toutes pars au nombre de plus de quinze cens auec grande deuotion & charité.

B ij

Ce pendant tout le contenu cy
deſſus , meſſieurs de la Iuſtice de
la terre & ſeigneurie Commenda-
taire de ſainct Iehan de Latran,
par leurs prudences & diligences a-
couſtumées , donnerent ordre à faire
transferer le priſonnier en leurs pri-
ſons , à celle fin que par leur ſo-
lide, & prudent Iugement, ſur le procez verbal recollement & reconfron-
tation des teſmoings confeſſions & de-
negations dudict Meignan.

SENTENCE
Contre ledit Manuel Meignan.

VE v par nous Baillif de la terre &
seigneurie de S. Iean de Latran.
Les informations, interrogatoires, re-
colemens & confrontations des 14.
Feurier : Conclusions du Procureur
Fiscal, auquel le tout a esté communi-
qué. Et tout veu & consideré, la matie-
re mise en deliberation. Nous disons
que ledit Meignan est deuëment attaint & conuaincu, de l'enorme vol &
sacrilege par luy commis du Sainct Ciboire, en la Commanderie Sainct Iean
de Latran, & des sainctes & sacrees
Hosties estant audit Ciboire, & autres
cas mentionnez audit procez ; Pour
reparation desquels, l'auons condemné & le condemnons a faire amende
honorable, nud en chemise, & a ge-
noux, ayant la corde au col, & tenant
en main vne torche ardente du poix de
deux liures, deuant la porte de ladicte
Eglise : & la dire & declarer à haute
voix, que malitieusement, temeraire-

ment & indiscretrement il a commis
ledit vol & sacrilege, dont il s'en re-
pend, & en crie mercy à Dieu, à Mon-
seigneur le grand Prieur de France, &
a Iustice : Et ce faict estre pendu &
estranglé par l'executeur de la haute
iustice, à vne potence laquelle à cest
effect sera mise & plantée sur ladicte
terre Sainct Iean de Latran, au deuant
de la principale porte & entrée de ladicte Commanderie, & apres l'execu-
tion, son corps mort, estre bruslé & re-
duit en cendre ; & outre condemné en
vingtquatre liures parisis d'amende en-
uers ledit seigneur grand Prieur, & le
reste de ses biens acquis & confisquez a
qu'il appartiendra par nostre sentence,
iugement & endroict. Laquelle sentence ainsi donnée & prononcée audit
Meignan en l'auditoire de Lourcynes,
pource attaint de sa prison les iour &
an susdits : Lequel a dit & declaré qu'il
appelloit de la presente sentence, sur lequel appel ont iceluy Meignan enuoyé
à la Conciergerie du Palais auec son
procés.

      Signé,   **BVSSON.**

ARREST

*De la Cour de Parlement de Paris,
contre ledict Meignan.*

Et Illustre & tout prudent Senat,
ayant eu la cognoissãce du procés
mentionné si dessus, auroit par Arrest
& Iugement dernier du Ieudy 27. Ia-
uier du present mois & an, confirmé
la sentence du Iuge & Baillif de la iustice de Lourfine & de plus, pour vn si
exécrable forfaict & sacrilege, con-
danné ledict Meignã d'auoir le poind
de la main droicte couppé vif, & pour
faire perdre la memoire d'vn si execé-
crable forfaict & sacrilege, que son
procés seroit brulé auec son corps, &
le tout jetté au vent.

Voyla donc Amy Lecteur tout ce
qui c'est passé au vray de lacte dudict
sacrilege iusque la mort dudict Meignan.

FIN.

DEffence sont faicte à tous Libraire Im-
primeurs & Colporteurs, & generalle-
ment à toutes personnes de quelque qualité
ou condition qu'il soient, de contrefaire vé-
dre du present traicté, n'y demesme tittre sur
paines de cens liures d'amende, & par corps
confiscation des exemplaires, comme plus
amplement est porté par lesdictes deffences
donné à Paris le 27. Ianuier, 1620.   Signé,
H. De Mesmes.

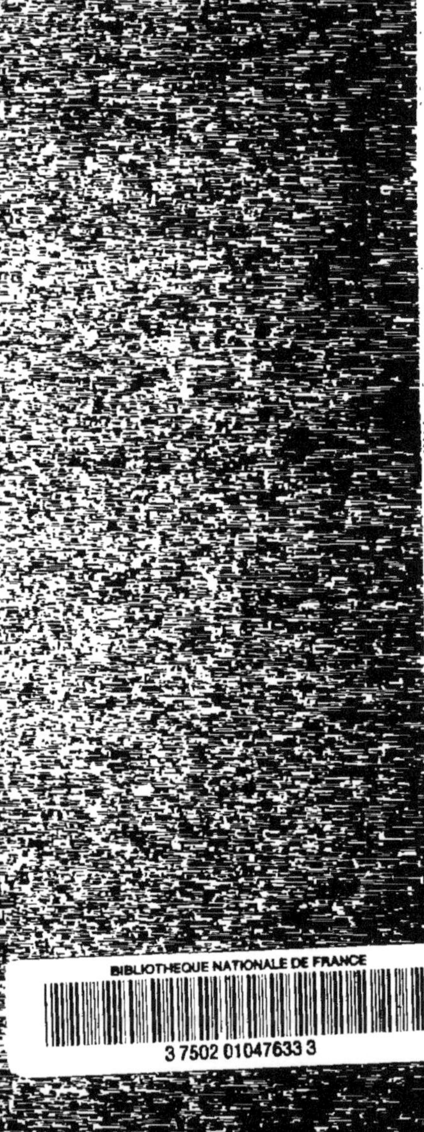